타인의 이미지로 백 년을 살기보다
나만의 이미지로 하루를 살고 싶다

자신만의 이미지를 찾기 위해서는
기존이미지의 파괴가 필요하다
이제 이미지 파괴자가 되자

오늘보다 나은 내일을 꿈꾸는
이미지 컨설턴트의 에세이

이미지 레버리지

김가현

서문

    사람 첫인상의 좋고 나쁨은 '이미지'이다. 오랫동안 만나게 되는 사람은 좋은 이미지를 가지고 있는 사람이다. 헤어진 후에도 좋은 기억으로 떠오르는 사람은 아름다운 이미지를 남기고 간 사람이리라!

이미지는 인생의 시작이며 끝이다. '이미지'를 테마로 많은 사람을 만났다. 본인의 이미지에 대해서 전혀 모르는 분, 이미지 변신을 꾀하는 분, 이미지가 불만족스러워 개선하고자 하나 방향과 방법을 모르는 분.

이 모든 분들에게 공통점이 있다. 삶의 한순간인 오늘 하루도 알차고 소중하게 살고 싶은 소망을 간직하고 있다는 점이다. 이미지에 있어서 가장 근본이며 중요한 것은 '내적 이미지'이다. 의식과 정서를 포함한 본질적인 이미지인 '내적 이미지'는 인간의 심리적, 정신적, 정서적인 특성을 고스란히 반영하고 있다. 또 그것의 내용, 상태에 따라서 대인관계, 사회적 성취, 행복감 등 모든 것이 영향을 받는다.

많은 강연을 하면서, 또 개인 컨설팅 과정에서 느낀 것, 평소의 생각 등을 수필로 엮어 보았다. 오랫동안 천착한 주제임에도 가야 할 길이 아직은 멀다. 신발 끈을 다시 묶는 마음을 이 책으로 대신하고자 한다.

2024년 5월

김가현

추천의 글

이성근 화가

조각가의 눈에 띈 커다란 바윗돌 하나. 조각가는 유심히 바라보며 생각에 잠긴다. 그 생각 속에서 어떤 형상을 떠올린다. 그리곤 자신이 그린 '이미지'를 찾아서 망치와 끌, 온갖 도구를 사용하여 돌을 깨트리기 시작한다. 바위는 그렇게 조각가의 손에 의해 변신하고 있다. 급기야 조각가가 꿈꾼 '이미지'가 아름다운 여인 또는 어떤 형상으로 완성된다. 조각가가 작품을 통해서 임자를 찾듯이 나는 내 존재의 '이미지'를 찾고자 한다. 나 자신의 보이는 '이미지'와 보이지 않는 생각과 마음, 감성 그것들의 '이미지' 변화를 추구하며 달라진 나의 모습을 기대한다.

예술가로서 나의 작업은 '추상적 이미지'의 구체화 작업이라고 할 수 있다. 마음에서 순간 일어나는 '이미지'를 나는 즉흥적으로 토해낸다. 나에게서 나왔지만 나는 아닌 것, 그래서 '이미지'들은 나의 분신이면서 또한 제삼자이자 객체이다. 내가 화산의 분화구처럼 '이미지'를 분출하는 행위는 내게는 심장이 뛰는 것과 같은 생명현상이다.

김가현 대표가 이번 봄에 '이미지'를 주제로 수필집을 낸다고 하여 반가운 마음으로 원고를 읽은 나는, 내심 깜짝 놀라고 말았다. 사람들의 이미지를 좋게 만드는 컨설턴트로만 알고 있었는데 김 대표의 컨설팅 바탕에는 '이미지'에 대한 예술가 못지않은 깊은 통찰과 혜안이 자리하고 있는 것이 아닌가! 그리고 그것은 또 다른 예술이었으며, 언어로 구현한 회화였다. 이미지는 결국 마음속에 맺혀진 '像'이기 때문이다.

'이미지'라는 주제를 기본적으로 언어를 통해서 접근하는 것은 시각예술인 회화와 다르게 보이지만 철학적 배경은 한 뿌리에서 비롯한다는 것을 나 또한 이번에 처음 알게 되었다. 평소 내가 작품을 대하는 진중한 태도와 깊고 넓은 공감대의 근원이 무엇이었는지를 알게 된 것도 이번 수필집을 통해서 얻은 또 하나의 수확이다.

내 존재가 아름다워지는 것은 모든 사람의 바람이다. 내 작품에 설명과 제목을 붙이는 것을 좋아하지 않는 것은 사람마다 느낌, 생각이 다르니 자유롭게 받아들여지기를 원하기 때문이다. 김가현 대표님의 앞날에 생기게 될 인연이 처음부터 끝까지 좋은 이미지로 남길 바라며 나와의 인연도 그러하리라 믿는다. 봄빛이 폭포처럼 쏟아진다.

목차

06 서문
09 추천사

16 인생은 자신만의 이미지를 찾아 떠나는
    짧고도 긴 여정
22 이미지는 그 사람의 마음상태이다
28 다시 만나고 싶은 사람의 비밀
34 이미지 레버리지
40 내가 생각하는 나의 이미지,
    타인이 생각하는 나의 이미지
46 CEO 이미지는 매출이다

52   학생의 셀프 이미지는 성적이다

58   화장한 신부는 가짜인가?

64   이미지 파괴자가 되자

70   몸은 이미지이다

76   작은 모래알이 모여 아름다운 해변이 된다

멋지게 산 인생은
길~다

- 레오나르도 다빈치

인생은
자신만의
이미지를
찾아 떠나는
짧고도
긴 여정

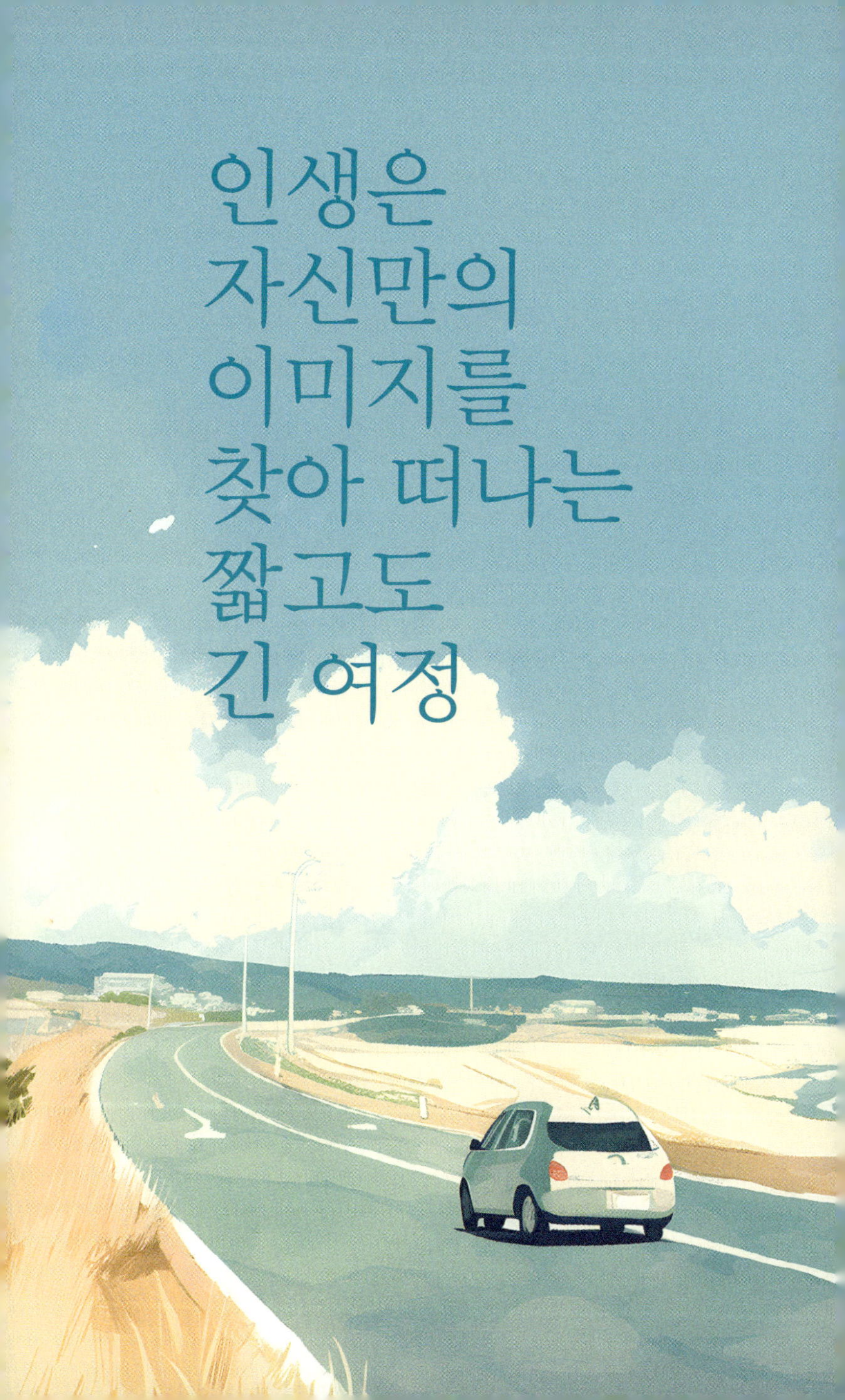

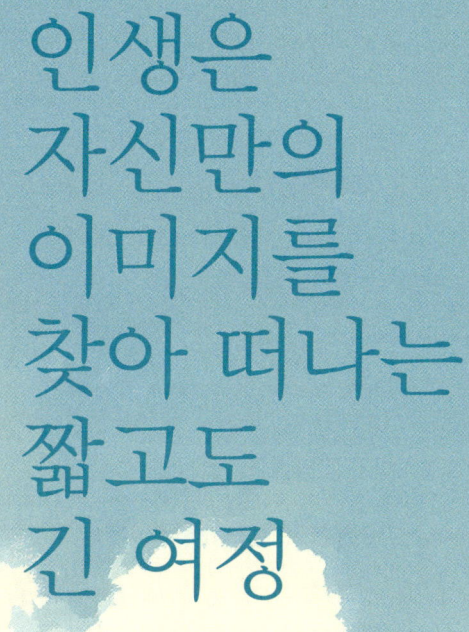

나는 어떤 사람인가? 나는 어떤 사람으로 살고 싶은가? 어떤 사람으로 살아왔는가? 이제 질문의 시간이다. 남을 바라보며 이러쿵저러쿵 참 많은 비평을 쏟아내며 살아왔다. 그래서 내 삶은 무엇이 달라졌는가? 타인의 눈에 내가 어떻게 비쳤는지 한 번이라도 생각해 보았던가?

하루에 사과 한 개를 꾸준히 먹는다면 의사가 필요 없다고 했던가? 한 알은 부담되어 반쪽으로 쪼개어 한 입 베어 문다. 선악과를 따먹은 이브로 인해 지상의 낙원에서 쫓겨난 인간의 운명까지도 사과로부터 시작한다. 그럼에도 불구하고 사과라는 과일은 언제나 착하다.

수많은 과일 중 하나의 이미지로 살아야 한다면 나는 사과로 살고 싶다. 한 입 베어 먹은 사과를 로고로 사용하는 회사는 또 얼마나 많은 영감을 주었던가?.

사과는 건강한 이미지를 가지고 있다. 거친 느낌의 단단한 껍질을 가졌으면서도 빛깔은 영롱하다. 충분한 햇살과 수분, 흙 속의 좋은 미생물까지 품고 있는 듯한 느낌이다. 한 손으로 쥘 때, 두 손으로 감싸고 물에 씻을 때의 촉감은 알 수 없는 감흥을 일으킨다.

물론 와인을 좋아하는 이는 포도를, 이국적 정서를 지닌 이는 바나나를 선택할 수도 있다. 자두, 딸기, 파인애플, 수박, 감, 복숭아 그 외에도 참으로 많다. 이 과일들은 하나의 이름, 하나의 이미지로 우리에게 온다.

사람도 그렇다. 구체적인 언어로 인식되거나 그렇지 않은 경우도 있지만 사람도 결국 신 포도이거나 땡감이거나 전혀 당도 없는 수박이 될 수도 있다. 탱자도 되고 밀감도 되고 천리향도 될 수 있다.

생각해보니 사람은 하나의 과일이 아니라 여러 가지 과일로 살아간다. 변한다. 변해 간다. 과일이 익어갈 때 같은 날이 하루도 없듯이 사람이 살아가는 날도 단 하루도 같은 날이 없다.

나는 어떤 과일인가? 오늘 만나는 사람들은 어떤 과일이었나? 아, 사과와 당근을 아침에 먹으면 그렇게 좋다는데……. 과일에 야채, 다음에는 채소도 좀 추가하고……. 나의 이미지는 매일 변신 중이다.

잘 먹고 죽은 귀신은
때깔도 곱다

- 우리나라 속담

이미지는
그 사람의
마음 상태이다

이미지(心像)는 '마음속에 언어로 그린 그림'으로 정의된다. 어느 일요일 오후, 대학생 아들이 집안일을 도와주었으면 참 좋겠다는 생각을 한 날이 있었다. 아들이 고등학교 다닐 때만 해도 건강하게 잘 자랐으면 하는 생각과 사랑스런 느낌이 전부였다. 무엇을 기대하거나 요구한 적이 없었는데 그날은 그런 생각이 들었다. 내가 강의, 연구에 너무 지쳐 있었나?

타인에게 느끼는 이미지는 객관적이기보다는 주관적이다. 동물원의 호랑이 앞에서 오싹한 느낌이 들기도 하고, 그냥 신기한 느낌만 있기도 하고, 우리 안에 갇혀 있는 모습에 연민을 느끼기도 한다.

이미지는 이렇게 우리 마음에서부터 출발하는 것에 주목할 필요가 있다.

부정적인 감정 상태에서 형성된 이미지는 아무리 밝은 것도 어둡게 보게 한다. 반대로 너무 들뜨고 희망적인 상태에서 형성된 이미지는 형체를 보되 그림자는 보지 못하는 우(遇)를 범하게도 한다.

카메라의 조리개를 적절히 조절해서 적당량의 빛을 허용해야 하는 것처럼 우리 마음에 이미지가 자리 잡을 때도 여과와 보정이 필요하다.

원효대사가 해골 물을 마신 일화에서 깨달은 이치와 교훈을 이미지 연구에서도 새롭게 해석해 본다. 아들이 다른 아들로 보이는 것은 다 내 마음 때문이다.

화가 났을 때 어떤 결정을 하면 후회하는 경우가 많다. 마음이 평화롭고 고요할 때 사람에 대해서 내가 가지고 있는 이미지를 한번 빗질해본다. 밭을 쟁기질하듯 훑고 지나가는 것도 의미 있는 일이다.

그래서 내 마음속에 자리한 이미지에는 봄바람이 산들거린다. 종달새가 높이 날아오른다. 길 잃은 노루가 잠시 머물다 간다.

나는 배고플 때 먹는다,
목마를 때 마신다

하고 싶은 말이 있을 때
그 말을 한다

-마돈나

다시 만나고 싶은 사람의 비밀

인생은 만남의 연속이다. 만남이 있어서 즐겁고, 만남으로 성장하며 만남 자체가 목적이 되기도 한다. 그런데 한 번 만남으로 충족되는 관계는 없다. 최소한 몇 번의 만남이 반복되고 인연이 쌓여야 필연이 되는 것이다. 만남을 이어가고 관계를 성장시키기 위해서 중요한 요소는 내가 만나고 싶은 사람이 되어야 한다는 것이다.

다시 만나고 싶은 사람의 이미지는 편안함이다. 편안함은 지속적인 관계를 유지하고 싶은 마음이 들게 하는 기초이다. 옷을 입었을 때 맘에 드는 옷의 최종 느낌이 편안함인 것과 같다.

편안한 이미지를 주는 사람은 나보다 타인을 먼저 배려한다. 인사도 먼저하고 미소로 응대한다. 주고 또 주려고 한다. 주는 것을 즐기고 있는 것 같은 느낌마저 들게 한다. 내가 편안하게 느끼는 사람을 우리는 닮고 싶어 한다. 그래서 또 만나고 싶은 것이다.

다시 만나고 싶은 사람은 말과 행동에 책임을 지는 사람이다. 그래서 예측가능하고 무언가를 도모할 때 믿음이 생긴다. 그 사람을 떠올리면 살며시 미소 짓게 된다. 또한 누군가를 독점하려 하지 않으며 본인의 네트워크에 자연스럽게 연결해준다.

만나고 싶은 사람은 파란 하늘이다. 녹음 진 숲이다. 끝없는 대초원이다. 오후 3시에 마시는 아이스아메리카노, 새로 구입한 조깅화, 아이를 부르는 엄마의 목소리, 푸르른 동해에 떠 있는 돛단배, 담장 위를 묘기 하듯이 걷는 고양이, F1 경주장의 굉음, 따스한 봄날에 피어오르는 아지랑이, 막 널은 하얀 빨래, 은빛 총탄을 쏟아부은 것처럼 빛나는 한강, 어린이날 초등학교 운동장의 친구들이다.

우울한 사람은 과거에 살고,
불안한 사람은 미래에 살고,
평안한 사람은 현재에 산다.

-노자

아르키메데스는 말했다 "나에게 충분히 긴 지렛대를 준다면, 나는 세상을 움직일 수 있을 것이다." 우리에게는 어떤 지렛대가 필요한가? 내 이미지를 두 배 좋게 하는 지렛대가 있다면 어떻게 사용할 것인가?

현대인의 하루는 종일 분주하다. 직장생활이든 자영업이든 매일 루틴하게 해결해야 할 일들이 파도처럼 밀려든다. 효율적인 업무처리 프로세스, 미리 준비하는 습관, 좋은 비즈니스 파트너와의 협업, 전문지식의 습득 등 일을 제대로 하기 위한 요건이 참 많다. 이런 것들이 효율적으로 조합되었을 때 그 사람은 전문가, 또는 능력자의 이미지를 갖는다.

 그렇다면 그런 전문가, 능력자의 이미지를 먼저 만들 수 있다면 이롭지 않을까? '열심히 잘해서 좋은 이미지를 갖는다'에서 '좋은 이미지로 시작해서 훌륭한 성과를'로 전략 전환! 이미지 레버리지를 통해서 빨리 세상에 나아가는 것이다. 이런 전문가, 능력자, 협업자 등의 이미지 필수요소는 '공감 능력'이다.

상대방의 입장으로 얘기 듣는 능력, 상대방이 문제를 해결하도록 도와주는 적극적인 자세, 중요한 일과 급한 일의 구분, 인적 네트워크의 활용 등이 필요하다. 정치인에게 가장 요구되는 덕목도 '공감 능력'이다. 행정 능력과 리더십은 어쩌면 그다음일 것이다.

CEO분들이 직원과 대화할 때 발생하는 문제점도 생각해보자. CEO분들은 연륜과 관록이 있어 직원에 대한 '공감' 없이 문제해결로 바로 접근하는 경우가 종종 있다.

이런 경우 상대방의 입장으로 명쾌한 해결책을 얻었다기보다는 상하관계, 또는 노사관계의 벽을 확고히 하는 결과만 낳는 경우가 많다. 상대방과 상황에 '공감'하는 당신은 거의 성인(聖人) 대접을 받게 될지 누가 알겠는가?

여러분이 할 수 있는 가장 큰 모험은
바로 여러분이 꿈꿔오던 삶을
사는 것입니다

-오프라 윈프리

내가 생각하는 나의 이미지, 타인이 생각하는 나의 이미지

아주 친절하고 교양있다고 생각하는 여자가 있었다. 본인 입으로도 그런 말을 할 정도라면 내면에도 그런 확신이 차 있음이 분명하다. 그런데 주변 사람들의 평판은 전혀 같지 않은 경우가 있다. 안에서 보는 것과 밖에서 보는 것의 불일치, 더구나 밖에서 보는 이미지가 하나는 아니다.

이런 인지부조화 현상이 있다는 것을 알고 살면 좋으련만, 자신이 가지고 있는 이미지가 세상에 존재하는 유일한 것으로 생각하며 살아가는 사람이 많다. 자신이 성군이라고 생각하는 임금님이 백성으로부터 원성이 자자한 임금일 수도 있다는 것이다.

그런데 고장 난 나침반에 의지해서 항해하는 배가 목적지인 항구에 도착하는 것이 불가능한 것처럼, 본인의 이미지를 정확하게 인지하지 못하고 있는 사람은 자아실현도 어려울 것이라는 생각이 든다.

자신에 대해서 가지고 있는 이미지는 나침반이다. 타인이 나에 대해서 가지고 있는 이미지는 북두칠성이다. 이것을 일치시킬 때 우리는 인생을 안전하고 행복하게 항해할 수 있다

사람은 가면을 쓰고 산다. 연극의 배역을 맡은 것처럼 가면은 때로 유용하다. 내가 배우인 것을 인지하고 가면을 쓰는 것은 적절한 일이다. 내가 누구인지 모르고 가면을 쓰고 산다면 과연 그 사람은 누구인가?

'내적 이미지'가 외부로 표출되어 나타나는 것이 '외적 이미지'이다. '내적 이미지'와 '외적 이미지'가 다르게 인지되면 '사회적 이미지' 즉, 대인관계에서 문제가 생길 수 있다. 개인이 추구하는 목표를 이루기 위해 이미지의 통합적 관리가 필요하다.

아름다운 입술을
갖고 싶으면
친절한 말을 하라

-오드리 햅번

CEO의 이미지는 매출이다

스티브 잡스는 아이폰과 거의 동일어가 되었다. 최근 10년간 애플 매출에서 아이폰이 가장 큰 비중을 차지했다. 애플 점유율은 미국 고성능 스마트폰 시장의 70%, 미국 내 스마트폰 시장의 65%이며 애플의 순이익은 1,000억 달러에 근접하였고 애플의 시가 총액은 3조 달러가 되었다. 청바지에 티셔츠를 입고 프리젠테이션하던 잡스의 모습은 그 이전의 어떤 CEO도 보여 주지 못한 엄청난 효과를 냈다.

스페이스 X, 테슬라의 일론 머스크, 아마존의 제프 베조스, 소프트 뱅크 손정의 회장, 삼성전자의 이재용 회장, 신세계의 정용진 회장, 현대자동차 그룹의 정의선 회장, 신라호텔의 사장 이부진 등 세계 굴지의 기업, 국내 최대그룹의 CEO 이미지는 그 회사를 대표하는 이미지가 되었다.

신라호텔 로비에서 영업용자동차가 호텔 출입문을 들이받는 사고를 냈을 때, 이부진 사장이 운전기사의 어려운 사정을 듣고 변상하지 않게 했다는 기사는 CEO의 이미지를 좋게 만든 미담 기사가 되었다.

이제 CEO들의 SNS는 소비자와의 주요 소통 창구이고, 주가에도 빈번히 영향을 미친다. 이것이 현대 자본주의 사회이다.

거대기업에서 CEO의 대외적인 이미지가 중요하다면 중소기업의 CEO는 내부고객, 즉 직원들에게 어떤 이미지를 부각하느냐 하는 것이 매출에 큰 영향을 줄 수 있다.

사내에서 갑질로 사회적인 물의를 일으킨 분들이 있다. 갑질 대상은 운전기사이거나 경비원 등 그 조직에서 높은 위치에 있지 않은 경우가 대부분이다. 표면적으로 그러하니 그 대상은 그들만은 아니었을 것이다.

매출을 올리고 싶은가? 순이익을 많이 내고 싶은가? 그래서 그렇게 열심이지 않았나?

그렇다면 CEO의 이미지에 대해 돌아보아야 한다. 신제품개발, 마케팅, 다 좋다. 그러나 CEO의 이미지 하나 잘못되면 모두 물거품이 된다. 나는 어떤 CEO인가?

무엇보다도
너 자신에게 진실하라

-세익스피어

학생의 셀프이미지는 성적이다

'성적은 행복순이 아니잖아요', 맞는 말이다. 인생은 그렇게 단순한 법칙으로만 이루어지지 않았다. 행복한 인생의 수백 가지, 수천 가지 변수 중의 하나가 성적이다. 성적은 성실, 노력, 아이큐, 환경 등 여러 요소의 영향을 받겠지만 기본적으로 좋은 습관의 결과물이 아닐까? 좋은 습관은 평생 간다.

학생상담의 통계치 중 하나는 좋은 성적을-자신들이 자발적 의지로-내는 학생들의 공통점은 자존감이 아주 높다는 것이다.

자존감은 스스로 품위를 지키고 자기를 존중하는 마음인데, 학생 자신에 대한 이미지로서 제일 중요한 것이 자존감이다. 부모로부터 사랑받지 못한 학생은 상대적으로 자존감이 낮은 경향이 있다.

자존감을 가진 학생은 준거집단에서 자신의 존재에 대해 향상성의 욕구가 강하다. 좋은 교우관계를 유지하고 가정, 학교, 사회에서 구성원이 지녀야 할 의무와 권리를 잘 인지한다.

자존감이 낮으면 불안, 패배감, 인내심 부족 등 부정적인 상태에 지배당하기 쉽다. 자존감은 셀프이미지의 결과이기도 하지만 출발점이 되기도 한다.

자녀의 성적을 올리는 기본 중의 기본은 그래서 자존감을 높이는 것이다. 부모의 역할은 이 지점에서 빛난다. 부모와의 관계에서 자녀의 자존감은 큰 진폭으로 변화한다. 자연스럽게 자녀의 자존감을 올려주는 부모가 있고, 의도와 정반대로 자존감을 떨어뜨리는 부모가 있다.

유년의 당신은 어떠했는가? 자존감 있게 자란 부모가 아닐 수도 있다. 하지만 당신이 노력한다면 당신의 자녀는 당신과 다르게 성장할 수 있다. 정말이다.

자신 있는 표정을
지으면 자신감이 생긴다

-찰스다윈

이미지는 진짜인가? 가짜인가?

'진짜이기도 하고 가짜이기도 하다'가 답이다.

예비 신부 김용실 씨는 몇 달 전부터 피부관리를 받는다. 일주일 전부터 집중해서 관리하고 당일에는 전문가의 손길을 빌어서 세상에서 가장 예쁜 신부가 된다.

신부 김용실 씨는 면사포를 쓰고 여신처럼 우아하게 등장한다. 이 신부는 김용실 씨인가, 다른 사람인가?

김용실 씨이다. 태어나서 타인에 의해 가장 아름답게 오늘 가꾸어진 것뿐이다. 그래서 진짜이다.

평소 김용실이라는 사람을 알고 있었으나 당일 신부가 누구인지 모르고 신랑 하객으로 온 사람은 화장한 김용실 씨를 몰라볼 수도 있다. 그러면 신부 김용실은 가짜이기도 하다.

이미지는 그렇게 창조되는 것이다. 본질이 훼손되지 않으며 사라지는 것도 아니다. 그리고 사실, 우리는 매일, 매 순간, 정도의 차이는 있지만 창조되고 있다. 창조되어야 만 한다. 세상이 환경에 맞는 이미지를 계속 요구하고 있기 때문이다.

신부는 주부로, 아이 엄마로, 할머니로 계속 창조되고 역할에 맞는 이미지를 계속 요구받는다. 역할이 이미지를 만들고 이미지가 역할을 충실히 수행할 수 있게 해준다.

신부 김용실은 오늘 진짜 가짜가 되었다. 오늘 만들어진 가짜는 몇십 년 동안의 진짜를 기억 속에서 사라지게 했다. 가짜가 진짜가 되고 사람들은 김용실의 몇십 년 인생을 오늘 가짜 진짜로 기억한다.

따분하게 살기에는
인생이 너무 짧지 않은가?

-프리드리히 니체

오늘 나의 이미지 변신은 현재진행형이다. 피부세포가 몇 주 만에 다 소멸하고 새로운 피부가 생기듯이 이미지는 매 순간 태어나고 죽는다. 장 속에는 유익균이 85%, 유해균이 15% 정도의 비율로 존재할 때 가장 이상적인 장내미생물의 상태라고 한다. 유익균은 유해균과 전쟁을 벌인다. 유해균들이 계속 존재하기에 유익균도 계속 싸울 힘을 유지한다. 그래야 낯선 놈들이 쳐들어와도 웬만하면 거뜬히 물리칠 수 있다. 유익균만이 평화롭게 살고 있다면 어림없는 일이다.

완벽하게 완전하게 좋은 이미지는 그 속에 언뜻 보면 부정적인 이미지까지 가지고 있다. 장 속 세균처럼 사람의 이미지도 뒤섞이어 있는 것이다.

부정적인 이미지를 굳이 없애려 노력할 필요는 없다. 좋은 이미지마저 없어질 수도 있는 일이다.

좋은 이미지를 향상시키다 보면 부정적인 이미지는 보이지 않거나 서서히 사라지게 된다. 그래서 좋은 이미지에 집중하고 이것이 발현될 수 있도록 해야 한다.

나무가 계절별로 옷을 갈아입듯이 사람의 이미지 또한 자연스럽게 변화해야 한다. 나뭇잎을 떨어뜨려서 에너지를 절감해야 겨울을 날 수 있듯이 이미지 변신은 때로는 생존 전략이 된다.

번데기가 나비가 되듯 우리는 이미지 변신의 천재가 되어야 한다. 번데기에게 나무뿌리, 돌멩이는 다 장애물이었으나 나비에게는 모두 아름다운 풍경으로 다가온다.

지금 당신의 이미지는 영원한 것도 아니고 진정 자신의 것이 아닐 수도 있다. 적극적으로 나의 이미지를 파괴하고 변화하자. 내 속에 어떤 색깔, 어떤 모양의 나비가 들어있는지 모르지 않는가?

몸은 신성한 옷이다.
몸은 당신의 첫 옷이자
마지막 옷이다.
그 몸으로 세상에 와서
그 몸으로 세상을 떠난다.
그러니 존경하는 마음으로
대해야 한다.

-마세 그레이엄

몸은
이미지이다

몸은 감출 수 없다. 지구상의 모든 옷은 그 사람의 몸을 드러낸다. 큰 천으로 감싸도 마찬가지이다. 타인과 담을 쌓고 은둔의 삶을 사는 게 아니라면 결국 인간은 몸으로 말한다. 아니 몸이 말한다. 알몸으로 거울에 서서 한 10분 정도 구석구석을 바라보면 수많은 감정이 밀려온다. 종일 고생한 발과 종아리며 허리와 뱃살이 살짝 부담되기도 하고 튼실한 어깨를 보면서 잠시 으쓱도 해본다.

 목 부분을 만지며 얼굴을 이런저런 각도로 음미해 본다. 왠지 섬뜩한 느낌으로 거울 속의 내가 나에게 말을 걸어온다. 거울 속의 나와 대화하는 것은 아주 특별하고 기이한 이벤트가 되기도 한다. 아름다운 몸을 갖는 것은 모든 사람의 욕망이다. 그 욕망은 상대가 있는 것도 아닌데 쉽게 충족되지 않는다.

성형, 다이어트, 각종 식품, 운동 코칭 등 자본주의의 많은 상품이 그 욕망을 이용해 돈을 번다. 지식과 교양, 고급 의상과 장신구 없이도 최고의 이미지를 만들 수 있지만 본질은 뒷전으로 밀려나고 만다.

겉치레에 들어가는 모든 비용과 시간을 몸에 투자하면 어떻게 될까? 선택과 집중을 몸에 해보자는 것이다. 그럼 마음은? '마음을 알기에는 너무 바쁘고 굳이 알려고 하지도 않는 것 같으니까' 마음은 패스!

진정으로 내가 사랑해야 하는 것은 새삼 내 몸이다. 몸을 챙기면 마음은 보통 잘 따라온다. 잘 먹고 잘 자고 운동하고 섹스도 꾸준히 하는 것이다. 그러면 나의 이미지는 우상향한다. 마음은 평온하고 일도 잘되고 희망적인 생각과 즐거운 하루하루가 반복된다.

삶이 견뎌야 하는 것이라면 그럴수록 견디는 데는 좋은 몸이 필요하다. 지구력, 순발력, 면역력 모두 최상을 유지한다면 그만큼 견디는 힘도 커질 것이다. 몸 근육 없이 어찌 마음 근육이 유지될 수 있겠는가?

자기 몸을 사랑하고 아끼는 사람이 타인도 아낀다. 몸은 첫 번째 이미지이자 마지막 이미지이고 살아있는 내내 그 사람의 이미지이다.

'웃는 내 얼굴을 거울에서 매일 만나고 있나요?' 똑바로 바로 보며 5분씩 내 얼굴과 내 알몸을 대면해 보자. '아, 요놈 오늘도 괜찮네!' 나는 최고로 비싼 옷을 입고 집을 나선다. 건강하고 아름다운 몸으로.

당신이
되었을지도 모르는 사람이
되고 싶다면
지금이라도 늦지 않았다.

- 조지 엘리엇

작은
모래알이 모여
아름다운
해변이 된다

이미지를 향상하고 싶은 당신은 매일 고민이 많다. 결과를 생각하기 때문이다. 현재 모습과 이상적인 모습 간의 괴리, 상당한 차이를 알고 있기 때문이다. 10층은 한걸음에 오를 수 없다. 그러나 한 계단씩 가다 보면 5분, 10분 뒤에는 자연스럽게 도착할 수 있다.

당신은 이미지 변화를 위해 매일 한가지씩만 행동을 바꾸어도 훌륭한 결과를 만들어 낼 수 있다. 아침에 '상대의 이름을 부르면서 얼굴을 바라보고 인사하기', 이것은 쉬울 것 같지만 많은 사람이 실행하지 못한다. 부끄럽고 어색하다고 변명도 다양하게 한다. 이것이 익숙해지면 다른 미션을 진행한다.

'칭찬하기', 이것도 어려운 미션이다. 잘 관찰해야 한다. 너무 뻔하지 않으면서도 그 사람의 개성 있는 부분을 구체적으로 칭찬해 주면 좋다. 칭찬은 정말이지 마법 같은 힘을 발휘한다.

강의하다 보면 청중들이 전혀 반응하지 않는 경우가 있다. 그럴 때 짧은 대답이라도 한 청중에게 칭찬해 준다. "어쩜 그렇게 빠르게 이해하고 답변해 주셨습니까? 참으로 놀랍네요!" 그러면 전체적인 분위기가 고조된다. 참 희한한 일이다.

나에게도 자주 칭찬하는 것이 좋다. 이것도 구체적으로 자주 하자. '오늘 점심 내가 쏜 것은 참 잘한 일이야. 대견해.' 정말 대견하지 않은가? 점심을 쏘다니, 점심을 쏠 수 있다니!

또 지인에게 안부 전화를 먼저 거는 것도 이미지 향상에 아주 좋은 습관이다. 사실 내 안부를 자주 물어주는 사람이 얼마나 되겠는가? 고마운 일인 것이다.

하루에 한가지씩 하다 보면 1년 뒤 나는 전혀 다른 사람으로 살고 있을 것이다. 이렇게 쌓아 올린 이미지야말로 쉽게 변하지 않고 아름답고 향기로운 사람으로 오래도록 남을 것이다.

일상의 작은 변화들로 당신의 삶은 나아지고 향상될 것이다. 수만 년 동안 파도가 밀려가고 밀려와 모래알은 뒤척여도 아름다운 해변은 그대로이다.

이미지 레버리지

초판인쇄 · 2024년 6월 25일
초판발행 · 2024년 6월 25일

지은이 · 김가현

발행인 · 김현수
기　획 · 김일수
마케팅 · 유승담
교　정 · 오금희
디자인 · 정우성 (우진디자인)

펴낸곳 · 세상의모든책들
주　소 · 서울시 마포구 서교동 353-1 서교타워 708호
전　화 · 010-2280-9009
메　일 · pangtus@naver.com

출판등록 · 제 25100-2011-335호

ISBN 979-11-89717-00-1

값 10,000 원